ANNE SOHIER-FOURNEL

BRACELETS PORTE-BONHEUR

Photos de Frédéric Lucano

Stylisme de Sonia Lucano

MARABOUT

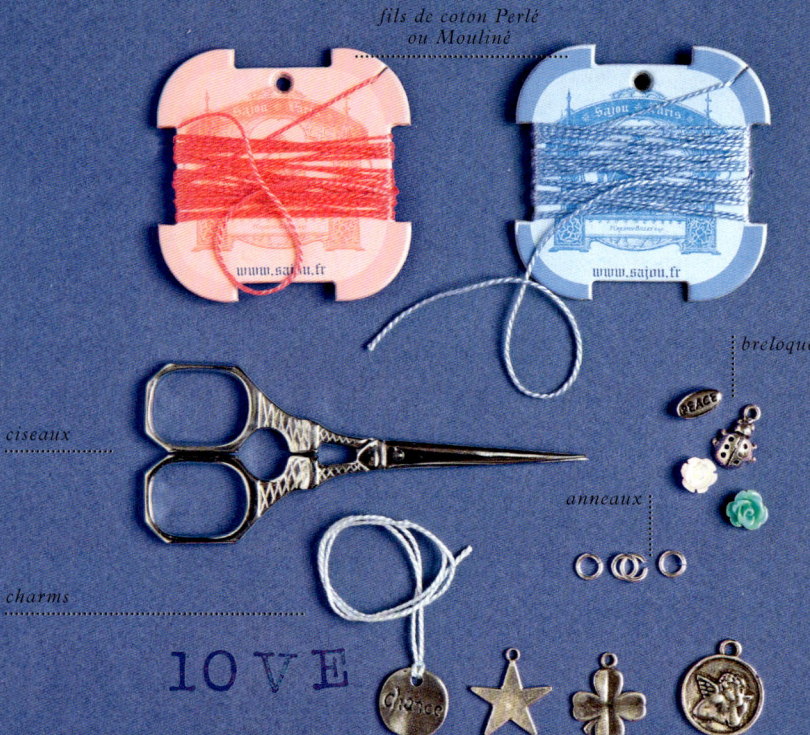

BRACELETS PORTE-BONHEUR

COMMENCER UN BRACELET

1 ♦ Pliez les fils en deux pour déterminer le milieu.

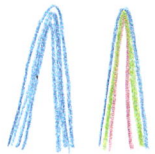

2 ♦ Formez une tresse de 2,5 cm à la pliure.

3 ♦ Réunissez les deux extrémités de la tresse et faites un nœud. Pour les bracelets brésiliens en lignes, glissez le fil principal dans le nœud avant de le serrer complètement puis serrez fort.

4 ♦ Glissez la boucle dans la pince de votre porte-bloc.

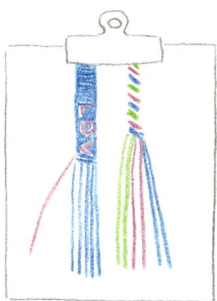

LES TECHNIQUES

DOUBLE NŒUD ENDROIT

1 * Le fil de gauche passe devant le fil de droite, forme une boucle autour et ressort à gauche pour former un nœud.
2 * On fait le même geste pour doubler le nœud.
3 * Après avoir fait le double nœud, le fil de gauche se retrouve à droite du nœud.

 * Double nœud endroit
Bracelet brésilien
classique

 * Double nœud endroit
Bracelet brésilien
en lignes

1

2

3

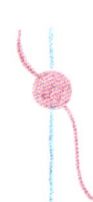

DOUBLE NŒUD ENVERS

1 * Le fil de droite passe devant le fil de gauche, forme une boucle autour et ressort à droite pour former un nœud.
2 * On fait le même geste pour doubler le nœud.
3 * Après avoir fait le double nœud, le fil de droite se retrouve à gauche du nœud.

 * Double nœud envers
Bracelet brésilien
classique

 * Double nœud envers
Bracelet brésilien
en lignes

1

2

3

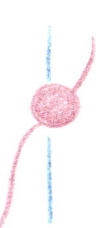

LES TECHNIQUES

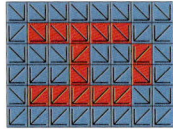

1 * Grille d'un motif
de bracelet brésilien en lignes.

2 * Résultat sur un bracelet : le fil
rose forme des nœuds endroit et
envers au fil des rangées et donnera
la couleur de fond du bracelet. Les
fils bleus servent de trame, comme
dans un tissage, et forment les lettres
et les motifs (voir pages 14-15).

3 * Diagramme d'un motif
chevron pour un bracelet
brésilien classique.

4 * Résultat sur un bracelet :
les fils roses et bleus forment
des nœuds endroit et envers en
diagonale et dessinent le motif
chevron (voir pages 18-19).

BRACELETS PORTE-BONHEUR

TERMINER UN BRACELET

1 * Bracelet brésilien fermé par un nœud simple.

2 * Bracelet classique avec autant de couleurs différentes que de nombre de fils. Pas de boucle au départ mais une tresse simple à chaque extrémité (voir le bracelet pages 8-11).

3 * Quand votre bracelet est à la bonne longueur, séparez les fils en deux et faites deux tresses fermées par des nœuds.

4 * Pour un bracelet en lignes, séparez les fils en deux et tressez-les en prenant le fil de la couleur de fond dans une des tresses.

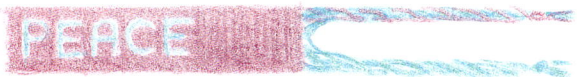

LE CLASSIQUE

LEÇON N° 1

Réalisé uniquement avec des doubles nœuds endroit, ce bracelet très simple à confectionner se fait en un rien de temps.

FOURNITURES ET MATÉRIEL

* 1 fil de coton Perlé DMC de 130 cm dans chaque coloris :
  - rose foncé (600)
  - rose vif (601)
  - rose (414)
  - rose clair (602)
  - gris clair (415)
  - gris (603)
* 1 petit morceau de coton Perlé pour nouer les fils
* 3 charms de 11 mm de diamètre environ
* 3 anneaux de 6 mm de diamètre

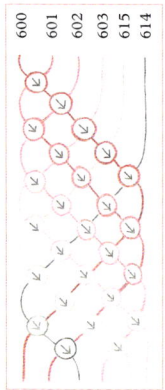

Motif classique

LE CLASSIQUE • LEÇON N° 1

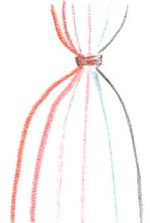

1 * Disposez les fils en suivant le schéma de la page 8 et nouez-les ensemble avec un morceau de fil, à 15 cm d'une extrémité.

2 * Faites avec le fil de gauche 1 double nœud endroit sur le fil suivant.

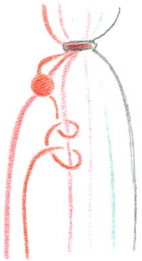

3 * Reprenez le même fil et faites 1 double nœud endroit sur le fil d'après.

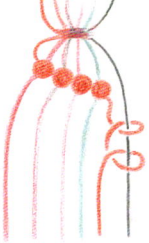

4 * Terminez la rangée en faisant 1 double nœud endroit sur chaque fil suivant.

BRACELETS PORTE-BONHEUR

5 ◆ Prenez le fil de gauche et faite une rangée de doubles nœuds endroit comme précédemment.

6 ◆ Continuez toujours de la même manière sur 16 cm.

7 ◆ Pour terminer le bracelet, faites une tresse de 10 cm à chaque extrémité puis nouez les fils solidement (voir page 7). Accrochez les charms sur le bracelet à l'aide des anneaux.

LE LOVE FOR EVER

LEÇON N° 2

Pour écrire « love » sur ce bracelet, il suffit d'inverser les nœuds envers et endroit dans les rangées...
Une fois le coup pris, vous irez très vite.

FOURNITURES ET MATÉRIEL

* 1 fil de coton Perlé DMC rose (718) de 800 cm (enroulé sur une cartonnette)
* 5 fils de coton Perlé DMC blanc (B5200) de 90 cm
* 1 charm de cœur de 11 mm de diamètre environ
* 1 anneau de 6 mm de diamètre

UN BRACELET EN +

pour le bracelet avec les cœurs, utilisez le motif du projet n° 12 (voir page 52). Il vous faudra dans ce cas 1 fil de 700 cm de coton Perlé DMC bleu (322) et 5 fils de coton Perlé DMC rose (718).

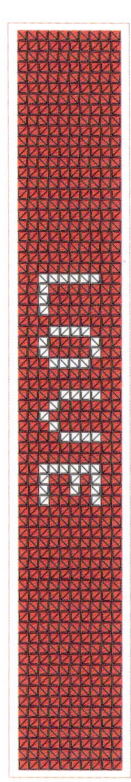

Motif love

LE LOVE FOR EVER • LEÇON N° 2

* Débutez en suivant les indications de la page 3, en glissant le fil rose dans le nœud.

1 * Faites avec le fil rose 1 double nœud endroit sur le fil blanc de gauche.

2 * Formez 1 double nœud endroit avec le fil rose sur chaque fil blanc pour faire la première rangée.

3 * Formez 1 double nœud envers avec le fil rose sur chaque fil blanc, en travaillant de droite à gauche. Alternez les rangées de doubles nœuds endroit et envers sur 5 cm, en terminant par une rangée de doubles nœuds endroit.

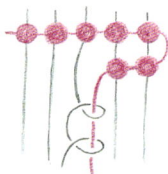

4 * Pour commencer le L du mot « love », faites 2 doubles nœuds envers avec le fil rose puis 1 double nœud endroit sur le fil rose avec le fil blanc suivant.

BRACELETS PORTE-BONHEUR

5 ◆ Faites en tout 6 doubles nœuds endroit blancs puis terminez la rangée par 2 doubles nœuds envers roses sur les 2 derniers fils blancs.

6 ◆ À la rangée suivante, faites 2 doubles nœuds endroit roses sur les 2 premiers fils blancs, puis 1 double nœud envers blanc sur le fil rose.

7 ◆ Continuez à faire des doubles nœuds endroit ou envers blancs et roses en suivant la grille, en faisant bien attention au sens des doubles nœuds.

8 ◆ Les lettres apparaissent en blanc sur fond rose. Une fois le mot « love » formé, faites 5 cm roses puis séparez les fils en deux et formez deux tresses de 10 cm (voir page 7). Accrochez le charm au milieu du bracelet à l'aide de l'anneau.

LE CHEVRON
LEÇON N° 3

Une déclinaison de tons bleus et un motif de chevron donnent au final un élégant bracelet en camaïeu. Les charms argentés s'accordent très bien avec ces nuances bleu-gris.

FOURNITURES ET MATÉRIEL

* 2 fils de coton Perlé DMC bleu foncé (807) de 180 cm
* 1 fil de coton Perlé DMC de 180 cm :
• bleu (517)
• bleu clair (809)
* 3 charms de 11 mm de diamètre environ
* 3 anneaux de 6 mm de diamètre

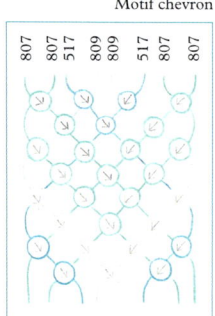

Motif chevron

LE CHEVRON • LEÇON N° 3

Débutez en suivant les indications de la page 3.

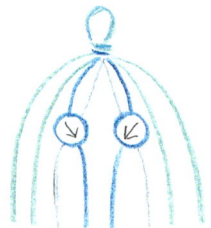

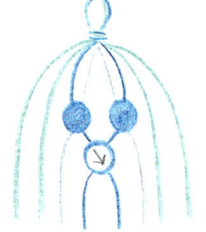

1 * Disposez les fils comme sur le schéma de la page 16. Prenez les 4 fils du milieu et faites 1 double nœud endroit à gauche et 1 double nœud envers à droite.

2 * Prenez les 2 fils du milieu et faites 1 double nœud endroit.

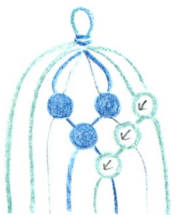

3 * Faites des doubles nœuds envers avec les 3 fils de droite.

4 * Faites des doubles nœuds endroit avec les 4 fils de gauche.

BRACELETS PORTE-BONHEUR

5 * Faites des doubles nœuds envers avec les 3 fils de droite.

6 * Continuez en faisant des doubles nœuds endroit avec les fils de gauche et des doubles nœuds envers avec les fils de droite sur une hauteur de 16 cm.

7 * Pour terminer le bracelet, séparez les fils en deux et formez deux tresses de 10 cm (voir page 7). Accrochez les charms sur le bracelet à l'aide des anneaux.

LE PORTE-BONHEUR

LEÇON N° 4

Pour afficher son bonheur, rien de mieux que de l'écrire en toutes lettres. En rose sur bleu, c'est aussi clair qu'en noir sur blanc mais c'est plus gai, non ?

FOURNITURES ET MATÉRIEL

* 1 fil de coton Perlé DMC bleu (809) de 650 cm (enroulé sur une cartonnette)
* 5 fils de coton Perlé DMC rose (718) de 120 cm

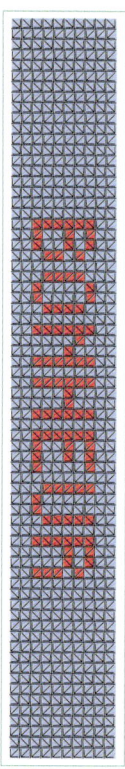

Motif bonheur

13

PORTE

BONHEUR

LE PORTE-BONHEUR • LEÇON N° 4

*Débutez en suivant les indications de la page 3, en glissant le fil bleu dans le nœud.

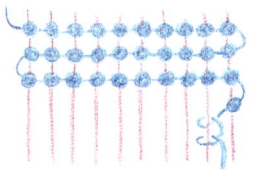

1 * Faites avec le fil bleu 1 double nœud endroit sur le fil rose de gauche.

2 * Formez 1 double nœud endroit avec le fil bleu sur chaque fil rose pour faire la première rangée de nœuds. Faites une deuxième rangée de doubles nœuds envers puis continuez sur 4,5 cm (voir page 14), en terminant par une rangée de doubles nœuds endroit.

3 * Pour commencer le B du mot « bonheur », faites 2 doubles nœuds envers avec le fil bleu puis 1 double nœud endroit sur le fil bleu avec le fil rose suivant (voir pages 14-15).

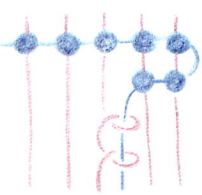

BRACELETS PORTE-BONHEUR

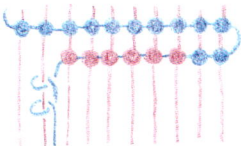

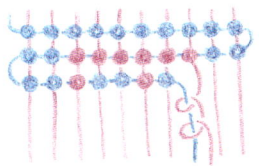

4 * Faites en tout 6 doubles nœuds endroit roses puis terminez la rangée par 2 doubles nœuds envers bleus sur les 2 derniers fils roses.

5 * À la rangée suivante, suivez la grille pour faire des doubles nœuds endroit bleus et des doubles nœuds envers roses.

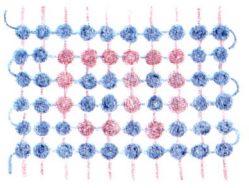

7 * Continuez à faire des doubles nœuds endroit ou envers bleus et roses en suivant la grille, en faisant bien attention au sens des doubles nœuds. Une fois le mot « bonheur » écrit, faites 4,5 cm bleus puis séparez les fils en deux et formez deux tresses de 10 cm (voir page 7).

LE PRÉCIEUX

LEÇON N° 5

Pour enchâsser une perle dans un bracelet, il suffit de l'enfiler au milieu du bracelet, de faire une série de nœuds à droite et à gauche, puis de reprendre le travail comme avant.

FOURNITURES ET MATÉRIEL

* 2 fils de coton Perlé DMC rose vif (601) de 180 cm
* 1 fil de coton Perlé DMC de 180 cm :
• rose clair (336)
• bleu marine (603)
* 1 perle cœur plate de 10 mm de diamètre
* 1 enfile-aiguille

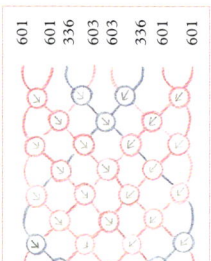

Motif précieux

LE PRÉCIEUX • LEÇON N° 5

Débutez en suivant les indications de la page 3.

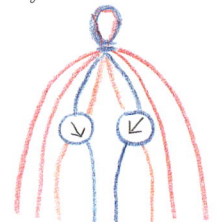

1 * Disposez les fils comme sur le diagramme de la page 24. Prenez les 4 fils du milieu et faites 1 double nœud endroit à gauche et 1 double nœud envers à droite.

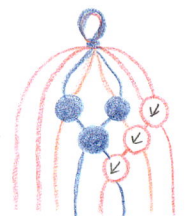

2 * Prenez les 2 fils du milieu et faites 1 double nœud endroit. Faites ensuite des doubles nœuds envers avec les 3 fils de droite.

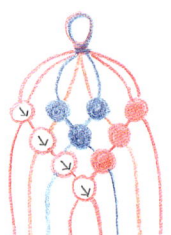

2 * Faites des doubles nœuds endroit avec les 4 fils de gauche.

3 * Continuez en faisant des doubles nœuds envers avec les fils de droite et des doubles nœuds endroit avec les fils de gauche sur 7 cm.

BRACELETS PORTE-BONHEUR

4 * Enfilez la perle sur les 2 fils du milieu avec l'enfile-aiguille.

5 * Glissez les fils derrière la perle et faites des doubles nœuds sur les côtés de manière à enserrer la perle.

6 * Continuez les doubles nœuds sur 7 cm puis séparez les fils en deux et formez deux tresses de 10 cm (voir page 7).

LE PRÉNOM
LEÇON N° 6

Avant de passer à la réalisation de ce bracelet, il faut reporter sur une grille vierge les lettres du prénom et déterminer le nombre de rangées unies à faire entre les lettres pour que le prénom soit bien centré.

FOURNITURES ET MATÉRIEL

POUR EMMA
* 1 fil de coton Perlé DMC rose clair (603) de 800 cm (enroulé sur une cartonnette)
* 5 fils de coton Perlé DMC gris (414) de 100 cm

POUR LOUIS
* 1 fil de coton Perlé DMC gris clair (415) de 800 cm (enroulé sur une cartonnette)
* 5 fils de coton Perlé DMC vert (702) de 110 cm

Motif des lettres

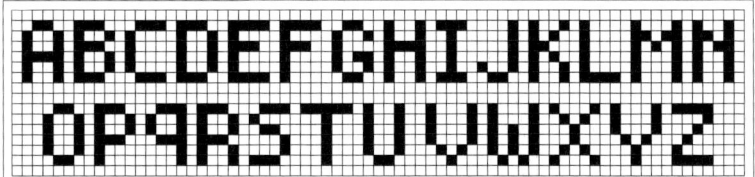

LE PRÉNOM • LEÇON N° 6

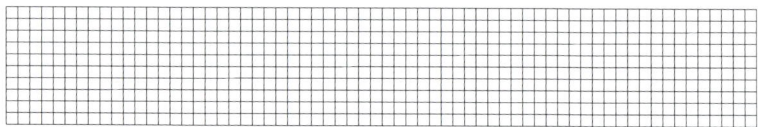

1 ∗ Pour réaliser un bracelet avec votre prénom, reportez les lettres au centre de cette grille vierge (voir page 28).

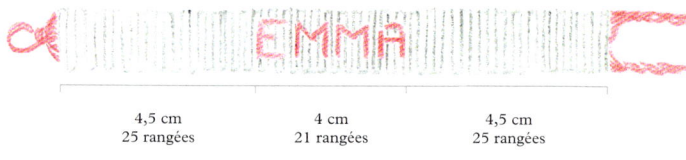

| 4,5 cm | 4 cm | 4,5 cm |
| 25 rangées | 21 rangées | 25 rangées |

2 ∗ En vous aidant des mesures de ce schéma et des lettres de votre grille, déterminez le nombre de rangs unis à placer entre les lettres du prénom.

BRACELETS PORTE-BONHEUR

3 ✹ Débutez en suivant les indications de la page 3, en glissant le fil gris dans le nœud. Formez avec le fil gris des rangées de doubles nœuds endroit et envers sur les fils roses (voir page 14).

4 ✹ Pour commencer la première lettre, faites des doubles nœuds envers avec le fil gris jusqu'au début de la lettre, puis 1 double nœud endroit sur le fil gris avec le fil rose suivant.

5 ✹ Faites le nombre de doubles nœuds endroit roses nécessaires puis terminez la rangée par des doubles nœuds envers gris.

6 ✹ Suivez votre grille pour former le prénom choisi, puis travaillez en doubles nœuds unis gris. Pour terminer, séparez les fils en deux et formez deux tresses de 10 cm (voir page 7).

LE BÊTE À BON DIEU

LEÇON N° 7

Des points disséminés, dans une couleur qui tranche avec celle du fond, et un charm coccinelle font de ce bracelet un accessoire très original.

FOURNITURES ET MATÉRIEL

* 1 fil de coton Perlé DMC
bleu marine (336) de 600 cm
(enroulé sur une cartonnette)
* 4 fils de coton Perlé DMC
rouge (600) de 120 cm
* 1 charm coccinelle
de 10 × 16 mm
* 1 anneau de 6 mm de diamètre

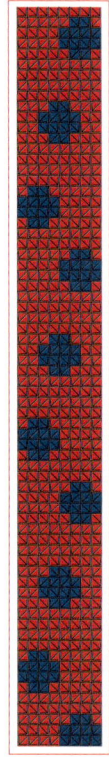

Motif des pois

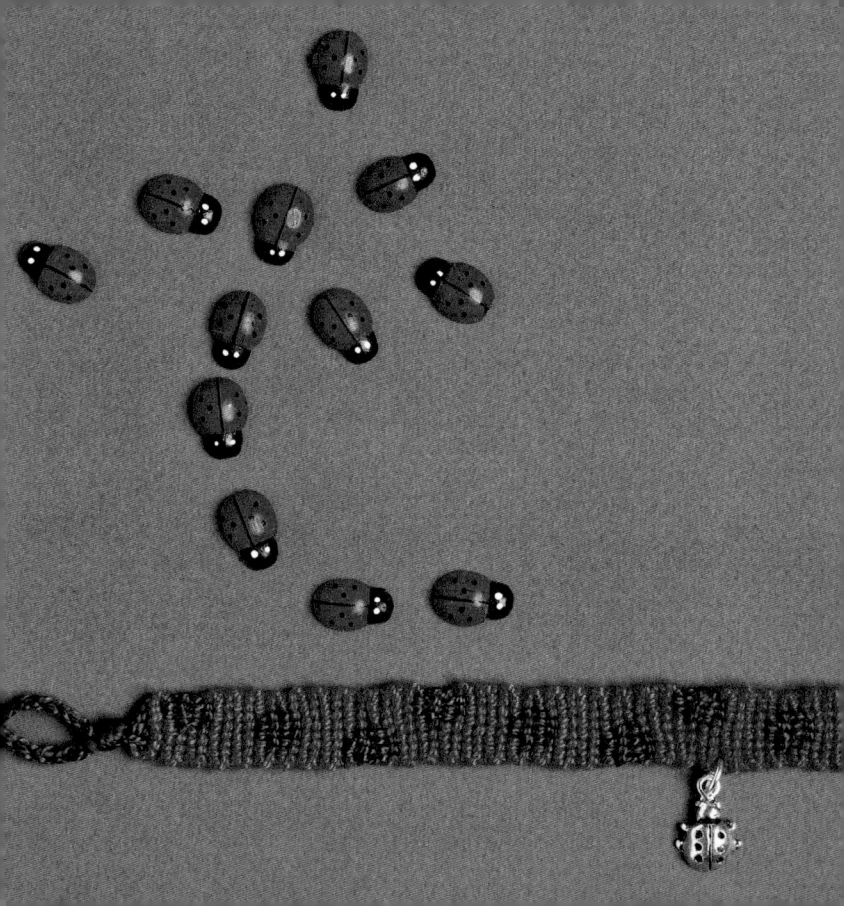

LE BÊTE À BON DIEU • LEÇON N° 7

* *Débutez en suivant les indications de la page 3, en glissant le fil rouge dans le nœud.*

1 * Faites avec le fil rouge une rangée de doubles nœuds endroit sur les fils bleus. Faites ensuite 1 double nœud envers rouge sur le premier fil bleu et 1 double nœud endroit bleu sur le fil rouge.

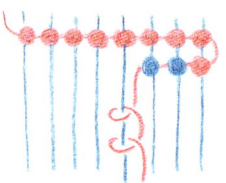

2 * Faites un autre double nœud endroit bleu sur le fil rouge puis reprenez en doubles nœuds rouges sur les fils bleus jusqu'à la fin de la rangée.

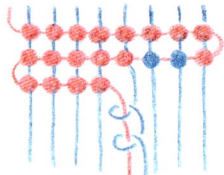

4 * Faites 4 doubles nœuds endroit rouges sur les 4 premiers fils bleus, puis terminez la rangée avec 4 doubles nœuds envers bleus sur le fil rouge.

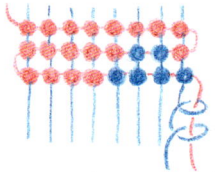

5 * Commencez la rangée suivante par 1 double nœud endroit bleu sur le fil rouge. Faites en tout 4 doubles nœuds endroit bleus sur le fil rouge et 4 doubles nœuds envers rouges sur les 4 derniers fils bleus.

BRACELETS PORTE-BONHEUR

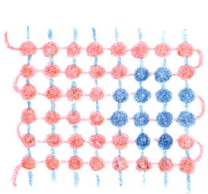

5 * Terminez le motif de pois en faisant 5 doubles nœuds endroit rouges, 2 doubles nœuds envers bleus sur le fil rouge et 1 double nœud endroit rouge.

6 * Continuez les doubles nœuds endroit et envers en suivant la grille.

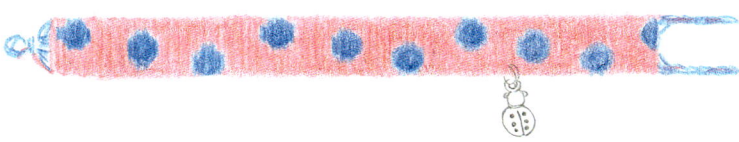

7 * Pour terminer, séparez les fils en deux et formez deux tresses de 10 cm (voir page 7). Accrochez le charm coccinelle à l'aide de l'anneau.

LE STAR
LEÇON N° 8

Deux étoiles rouges encadrent le mot « star » pour un bracelet à mettre au poignet de toutes les starlettes en herbe.

FOURNITURES ET MATÉRIEL

* 1 fil de coton Perlé DMC bleu (517) de 850 cm (enroulé sur une cartonnette)
* 6 fils de coton Perlé DMC rouge (600) de 160 cm

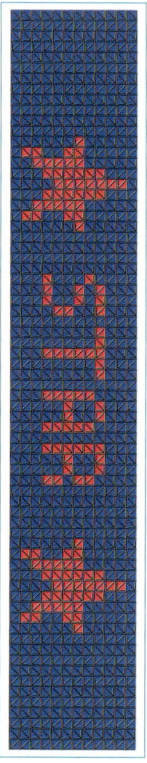

Motif star + étoiles

LE STAR • LEÇON N° 8

Débutez en suivant les indications de la page 3, en glissant le fil bleu dans le nœud.

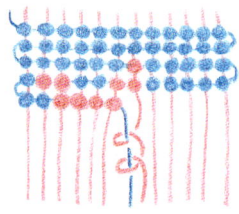

1 ✻ Faites 11 rangées de doubles nœuds endroit et envers avec le fil bleu sur les fils rouges (voir page 14), en terminant par une rangée de doubles nœuds endroit.

2 ✻ Continuez en faisant des doubles nœuds endroit ou envers en suivant le motif pour former l'étoile.

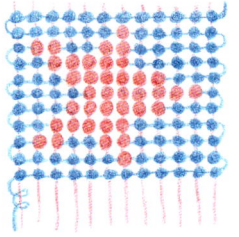
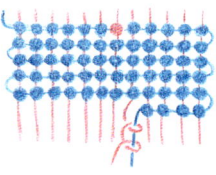

3 ✻ L'étoile apparaît au fil des rangées de nœuds.

4 ✻ Après l'étoile, faites 4 rangées unies bleues.

BRACELETS PORTE-BONHEUR

 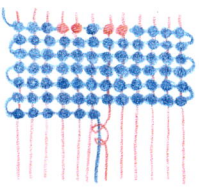

5 * Continuez en suivant la grille en alternant doubles nœuds envers et endroit rouges et bleus pour former le mot « star » (voir pages 14-15).

6 * Après « star », faites 5 rangées unies bleues puis reprenez la grille pour faire une étoile et faites pour finir 11 rangées unies bleues.

7 * Pour terminer, séparez les fils en deux et formez deux tresses de 10 cm (voir page 7).

LE LUCKY

LEÇON N° 9

Un motif de trèfle répété trois fois, régulièrement espacé, pour un bracelet porte-bonheur à porter tous les jours.

FOURNITURES ET MATÉRIEL

♦ 1 fil de coton Perlé DMC bleu (336) de 750 cm (enroulé sur une cartonnette)
♦ 6 fils de coton Perlé DMC vert (703) de 150 cm

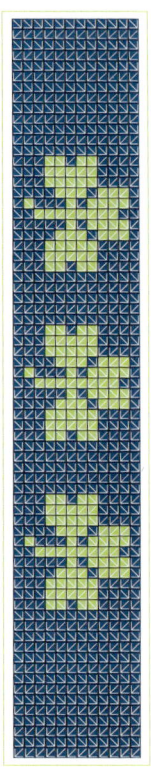

Motif trèfles

LE LUCKY • LEÇON N° 9

• *Débutez en suivant les indications de la page 3, en glissant le fil bleu dans le nœud.*

1 • Faites 13 rangées de doubles nœuds endroit et envers avec le fil bleu sur les fils verts (voir page 14), en terminant par une rangée de doubles nœuds endroit.

2 • Continuez les doubles nœuds en suivant la grille pour former le trèfle.

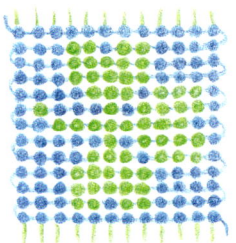

3 • Le premier trèfle apparaît au fil des rangées de nœuds.

4 • Après le premier trèfle, faites 5 rangées unies bleues puis reprenez la grille pour former le deuxième trèfle.

BRACELETS PORTE-BONHEUR

5 ♦ Après le deuxième trèfle, faites 5 rangées unies bleues puis reprenez la grille pour former le troisième trèfle.

6 ♦ Après le troisième trèfle, faites 13 rangées unies bleues.

7 ♦ Pour terminer, séparez les fils en deux et formez deux tresses de 10 cm (voir page 7).

LE FLOWER POWER

LEÇON N° 10

Un changement de doubles nœuds envers et endroit sur une même rangée suffit à faire apparaître des fleurs au cœur contrasté. Cela réclame juste un peu d'attention.

FOURNITURES ET MATÉRIEL

* 1 fil de coton Perlé DMC prune (915) de 600 cm (enroulé sur une cartonnette)
* 6 fils de coton Perlé DMC turquoise (807) de 180 cm

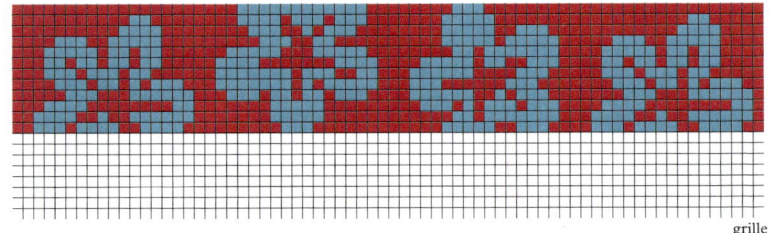

grille

LE FLOWER POWER • LEÇON N° 10

✶ Débutez en suivant les indications de la page 3, en glissant le fil prune dans le nœud.

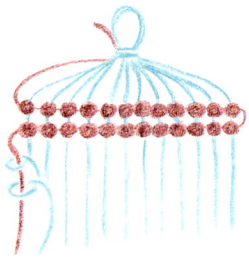

1 ✶ Faites 2 rangées de doubles nœuds endroit puis envers avec le fil prune sur les fils turquoise (voir page 14).

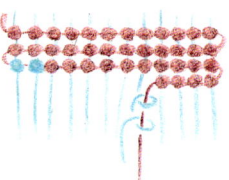

2 ✶ Continuez en faisant des doubles nœuds endroit ou envers en suivant le motif pour former la première fleur (voir pages 14-15).

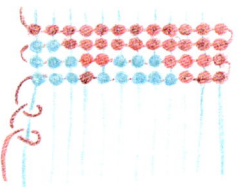

3 ✶ Veillez bien aux doubles nœuds du bord du bracelet pour avoir des bords bien droits.

4 ✶ Suivez bien la grille et veillez bien au sens des nœuds pour que le cœur de la fleur apparaisse.

BRACELETS PORTE-BONHEUR

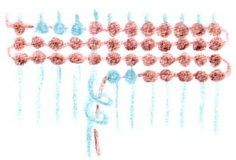 

5 ∗ Après la première fleur, faites 2 rangées unies prune puis reprenez la grille pour former la deuxième fleur.

6 ∗ Continuez à suivre la grille et, après la dernière fleur, faites 2 rangées unies prune.

7 ∗ Pour terminer, séparez les fils en deux et formez deux tresses de 10 cm (voir page 7).

LA GOURMETTE
LEÇON N° 11

Reportez la date de naissance sur une grille vierge, déterminez précisément son emplacement sur le bracelet... et lancez-vous. C'est un petit cadeau de naissance plein d'attention.

FOURNITURES ET MATÉRIEL

* 1 fil de coton Perlé DMC bleu-mauve (823) de 800 cm (enroulé sur une cartonnette)
* 5 fils de coton Perlé DMC turquoise (807) de 110 cm

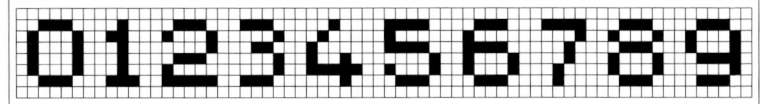

Motif chiffres

LA GOURMETTE • LEÇON N° 11

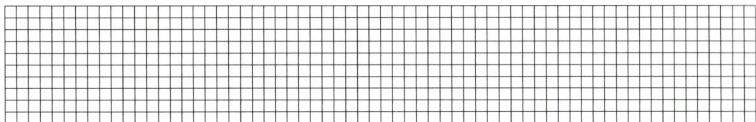

1 ✳ Pour réaliser un bracelet avec une date de naissance, reportez les chiffres au centre de cette grille vierge à l'aide de la grille de chiffres de la page 48.

| 16 rangées | 38 rangées | 16 rangées |

2 ✳ La disposition des chiffres sur le bracelet est celle-ci : 16 rangées unies – la date de naissance sur 38 rangées – 16 rangées unies.

BRACELETS PORTE-BONHEUR

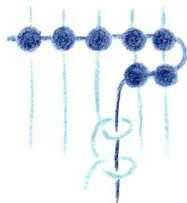

3 ∗ Débutez en suivant les indications de la page 3, en glissant le fil bleu-mauve dans le nœud. Formez avec le fil bleu-mauve des rangées de doubles nœuds endroit et de doubles nœuds envers sur les fils turquoise, puis suivez votre grille (voir pages 14-15).

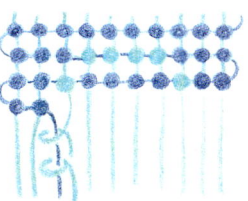

4 ∗ Les chiffres sont formés par des doubles nœuds turquoise sur le fil bleu-mauve. Pour terminer, faites 16 rangées bleu-mauve sur les fils turquoise puis séparez les fils en deux et formez deux tresses de 10 cm (voir page 7).

LE I LOVE PARIS
LEÇON N° 12

Ce bracelet nécessite d'ajouter une couleur en cours de travail, mais pour le reste il suffit de suivre la grille pour faire apparaître le cœur et le texte.

FOURNITURES ET MATÉRIEL

* 1 fil de coton Perlé DMC gris clair (415) de 750 cm (enroulé sur une cartonnette)
* 1 fil de coton Perlé DMC rouge (600) de 50 cm
* 5 fils de coton Perlé DMC bleu marine (336) de 130 cm
* 1 charm tour Eiffel de 11 mm de haut environ
* 1 anneau de 6 mm de diamètre

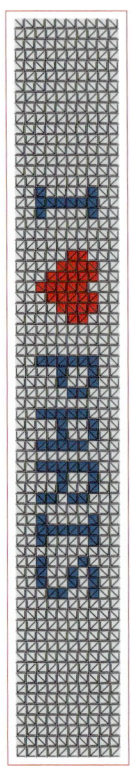

Motif Paris

✻ Débutez en suivant les indications de la page 3, en glissant le fil gris dans le nœud.

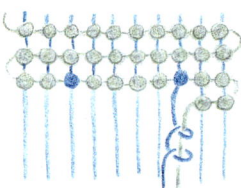

1 ✻ Faites 10 rangées de doubles nœuds endroit puis envers avec le fil gris sur les fils bleus (voir page 14).

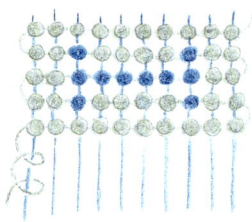

2 ✻ Suivez la grille pour former la première lettre puis faites 3 rangées unies grises.

3 ✻ Travaillez en doubles nœuds endroit gris puis, pour débuter le cœur, amenez le fil rouge par l'arrière du bracelet et faites 1 double nœud envers sur les fils gris et bleu.

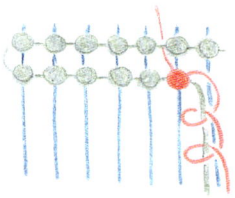

4 ✻ Faites un deuxième double nœud avec le fil rouge sur le fil gris.

BRACELETS PORTE-BONHEUR

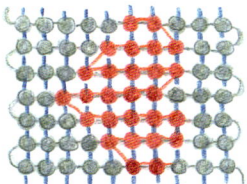
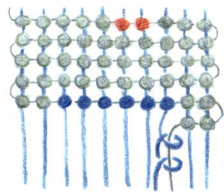

5 * Formez le cœur en suivant la grille (vous pouvez glisser les fils bleus dans les doubles nœuds une fois sur deux).

6 * Continuez à suivre la grille pour écrire « Paris » puis faites 10 rangées unies grises.

7 * Pour terminer, séparez les fils en deux et formez deux tresses de 10 cm (voir page 7). Accrochez un charm tour Eiffel à l'aide de l'anneau.

TABLE DES MATIÈRES

Le matériel 2
Les techniques 3
Le classique 8
Le love for ever 12
Le chevron 16
Le porte-bonheur 20
Le précieux 24
Le prénom 28
Le bête à bon Dieu 32
Le star 36
Le lucky 40
Le flower power 44
La gourmette 48
Le I love Paris 52

CARNET D'ADRESSES

Boutique de perles et de charms en ligne :
www.matièrepremiere.fr

Édité par Hachette Livre
(43, quai de Grenelle, Paris Cedex 15)
© Hachette livre (Marabout) 2012
Imprimé par Impresia-Cayfosa, Espagne
Dépôt légal : février 2013
ISBN : 978-2-501-08526-7
41-2740-3

Mise en pages : Frédéric Voisin
Réalisation des bracelets : Christine Toufflet

Pour l'éditeur le principe est d'utiliser des papiers composés de fibres naturelles, renouvelables, recyclables et fabriquées à partir de bois issus de forêts qui adoptent un système d'aménagement durable. En outre, l'éditeur attend de ses fournisseurs de papier qu'ils s'inscrivent dans une démarche de certification environnementale reconnue.

Tous droits réservés. Aucune partie de ce livre ne peut être reproduite sous quelque forme que ce soit ou par quelque moyen électronique ou mécanique que ce soit, y compris des systèmes de stockage d'information ou de recherche documentaire, sans autorisation de l'auteur.